EDELVAN JOSÉ DOS SANTOS

Novena de Nossa Senhora Auxiliadora

EDITORA SANTUÁRIO

DIREÇÃO EDITORIAL: Pe. Fábio Evaristo R. Silva, C.Ss.R.
COORDENAÇÃO EDITORIAL: Ana Lúcia de Castro Leite
COPIDESQUE: Luana Galvão
REVISÃO: Sofia Machado
DIAGRAMAÇÃO: Mauricio Pereira

Textos bíblicos extraídos da *Bíblia de Aparecida*,
Editora Santuário, 2006.

ISBN 978-65-5527-022-8

1ª impressão

Rua Pe. Claro Monteiro, 342 – 12570-000 – Aparecida-SP
Tel.: 12 3104-2000 – Televendas: 0800 - 16 00 04
www.editorasantuario.com.br
vendas@editorasantuario.com.br

Nossa Senhora Auxiliadora

A devoção a Nossa Senhora Auxiliadora teve início no ano 1571, quando o papa Pio V decidiu formar uma esquadra para salvaguardar os cristãos da escravidão mulçumana, pois o imperador turco Selim I estava obcecado em conquistar toda a Europa, a qualquer custo. À vista disso, papa Pio V recorreu ao auxílio da Virgem Maria para interceder no combate católico.

Os cristãos jejuaram e rezaram o rosário durante três dias, antes da batalha, enquanto o Sumo Pontífice fez o mesmo em Roma, reunido com milhares de fiéis. No dia do combate, travado nas águas do Estreito de Lepanto (Grécia), os mulçumanos foram surpreendidos pela aparição de uma Senhora poderosa e iluminada sobre seus navios, causando-lhes espanto e medo, e perderam o combate, no dia 7 de outubro de

1571. Em agradecimento a Nossa Senhora, o Santo Padre inseriu a seguinte invocação nas ladainhas loretanas: Auxiliadora dos Cristãos.

Mas a festa de Nossa Senhora Auxiliadora somente foi estabelecida em 1816, pelo papa Pio VII, a fim de eternizar mais um episódio revelador da intercessão da Virgem Maria. Com grande empenho em dominar os estados pontifícios, Napoleão I fora excomungado pelo Sumo Pontífice, mas, em represália, o imperador francês forjou o sequestro do papa Pio VII, levando-o para a França.

Com abrasadora fé na vitória do bem sobre o mal, o Papa pediu o auxílio de Maria para salvá-lo daquela prisão e das humilhações; em retribuição ao amor divino, ele prometeu coroar publicamente a imagem de Nossa Senhora de Savona, assim que fosse libertado. Revestido pelo fracasso, Napoleão libertou o Papa, depois de aprisioná-lo por cinco anos.

Quando regressou a Savona (Itália), no dia 24 de maio de 1814, Pio VII cumpriu a promessa e entrou solenemente em Roma, em sinal de restabelecimento do poder da Igreja de Cristo. Tomado pela gratidão e pelo carinho à Mãe de Deus, o papa Pio VII instituiu a festa de Nossa Senhora Auxiliadora para ser celebrada nessa data de sua entrada vitoriosa em Roma.

São João Bosco, o apóstolo da juventude, foi o grande divulgador do amor a essa devoção mariana, pois a própria Mãe de Deus apareceu-lhe em 1860, em Spoleto, e mostrou-lhe o lugar na cidade italiana de Turim, onde queria que fosse construído um templo para sua veneração. Também pediu a Dom Bosco para ser lembrada com o título de "Auxiliadora".

Em 1863, Dom Bosco iniciou a construção da igreja com poucos recursos financeiros, mas, por intermédio mariano, em 9 de junho de 1868, foi finalmente consagrado o templo a Nossa Senhora. A partir dessa data, a devoção a Nossa Senhora, Auxílio dos Cristãos, espalhou-se por todo o mundo. Para eternizar seu amor à Virgem Maria, São João Bosco pediu que as Filhas de Maria Auxiliadora, congregação fundada por ele com a ajuda de Santa Maria Domingas Mazzarello, fossem uma obra viva e edificante dessa devoção. Tão divulgados foram o carinho e o amor desse santo homem a Maria Santíssima que Ela chegou a ser conhecida como a "Virgem de Dom Bosco".

Nossa Senhora Auxiliadora, ou Auxílio dos Cristãos, passou a ser considerada pelos fiéis como a Protetora do Lar, por causa dos milhares de relatos que confirmaram sua proteção maternal nas dificuldades domésticas, na defesa de suas casas contra catástrofes, tempestades e nas demais batalhas enfrentadas pela família cristã.

Oração inicial

– Em nome do Pai, do Filho e do Espírito Santo.

– Amém!

– A nossa proteção está no nome do Senhor,

– que fez o céu e a terra!

– Ouvi, Senhor, minha oração!

– E chegue até vós o meu clamor!

– Vinde, Espírito Santo, enchei os corações de vossos fiéis e acendei neles o fogo do vosso amor. Enviai vosso Espírito, e tudo será criado! E renovareis a face da terra! Oremos: Ó Deus, que instruístes os corações dos vossos fiéis com a luz do Espírito Santo, fazei que apreciemos retamente todas as coisas, segundo o mesmo Espírito, e gozemos sempre da sua consolação. Por Cristo, Senhor nosso. Amém!

Oferecimento da Novena: Ó Santa Mãe de Deus, a quem o Pai Onipotente concedeu a honra de ser invocada como Auxiliadora dos Cristãos, vimos, com todo o nosso amor e carinho filial, pedir-te: sê a protetora de nosso lar, livra nossa família e as famílias do mundo inteiro dos males que possam as afligir. Salvaguarda-nos das tempestades e dos raios, defende-nos contra os incêndios e assaltos, enfim, protege-nos de todas as possíveis calamidades, que possam acometer nosso lar (faça seu pedido com fé e esperança). Confiante em teu intermédio, louvamos a Deus, eternamente, ter nos dado uma Mãe compassiva com os sofrimentos e as tribulações, que atormentam o coração de todas as famílias. Amém!

Oração final

Ladainha de Nossa Senhora Auxiliadora

Senhor, **tende piedade de nós.**
Jesus Cristo, **tende piedade de nós.**
Senhor, **tende piedade de nós.**
Jesus Cristo, **ouvi-nos.**
Jesus Cristo, **atendei-nos.**
Deus Pai, que estais nos Céus,
tende piedade de nós.
Deus Filho, Redentor do Mundo,
tende piedade de nós.
Espírito Santo Paráclito, **tende piedade de nós.**
Deus uno e Trino, **tende piedade de nós.**
Virgem Imaculada, **rogai por nós.**
Virgem de Nazaré, **rogai por nós.**
Mãe do Salvador, **rogai por nós.**
Colaboradora do Redentor, **rogai por nós.**
Maria Auxiliadora, **rogai por nós.**
Serva humilde do Senhor, **rogai por nós.**

Virgem de Dom Bosco, **rogai por nós.**
Virgem da esperança, **rogai por nós.**
Virgem fiel, **rogai por nós.**
Virgem oferente, **rogai por nós.**
Defensora dos inocentes, **rogai por nós.**
Consoladora dos Aflitos, **rogai por nós.**
Auxílio dos Cristãos, **rogai por nós.**
Saúde dos Enfermos, **rogai por nós.**
Cordeiro de Deus, que tirais o pecado do mundo, **perdoai-nos, Senhor.**
Cordeiro de Deus, que tirais o pecado do mundo, **ouvi-nos, Senhor.**
Cordeiro de Deus, que tirais o pecado do mundo, **tende piedade de nós.**
Rogai por nós, Santa Mãe de Deus,
para que sejamos dignos das promessas de Cristo. Amém!

Oração: Ó Maria Auxiliadora, queremos agradecer-te as graças derramadas em nosso lar. Por vezes, somos ingratos ao teu amor maternal, mas nos deixaste abandonados aos perigos deste mundo, e estás sempre a nos abençoar, a nos proteger e a nos defender das ciladas do maligno. Ó Nossa Senhora, Auxílio dos Cristãos, mantém-nos na graça de filhos consagrados do Pai e a vivermos na misericórdia divina.

(Rezar 1 Pai-nosso, 3 Ave-Marias e 1 Glória ao Pai).

Que nosso lar esteja sempre unido à Trindade Santa e fiel ao Evangelho, e nós sejamos nutridos pelo Amor de Cristo e amparados por tua ternura maternal, por todos os séculos sem-fim. Amém!

Em nome do Pai, do Filho e do Espírito Santo. Amém!

1º dia

Maria Auxiliadora, a filha predileta do Pai

1. Oração inicial *(p. 7)*

2. Palavra de Deus *(Lc 1,30-33)*

Disse o anjo Gabriel a Maria: "Não tenhas medo, Maria, porque Deus se mostra bondoso para contigo. Conceberás em teu seio e darás à luz um filho e lhe porás o nome de Jesus. Ele será grande e será chamado Filho do Altíssimo. O Senhor Deus lhe dará o trono de Davi, seu pai, e ele reinará para sempre na casa de Jacó. E seu reino não terá fim".

– Palavra da Salvação!

3. Reflexão

Que Mãe afável nós temos, pronta a nos socorrer nas difíceis batalhas desta vida! Ela se fez Auxílio dos Cristãos pela vontade divina, para interceder em nossas aflições.

O primeiro auxílio aconteceu naquele dia, em Nazaré, quando a Virgem respondeu seu "sim" ao anjo Gabriel, pois queria o bem de toda a humanidade. A esperança de um novo tempo ressurgiu, e Deus-Filho fez morada em seu ventre.

As dificuldades pelas quais Nossa Senhora poderia passar, por tamanho gesto de amor, tornaram-se grão de areia perto de seu amor pelos filhos do Altíssimo; um amor sublime, sem a mancha do pecado, capaz de fazer germinar o Amor divinal, Jesus Cristo, nosso Salvador.

Elevada para junto do Pai, após a ressurreição de Cristo, hoje ela dirige seu olhar a cada um de nós e nos questiona: "O que atormenta teu pobre coração? Confia em mim, pois eu sou a Mãe, que traz auxílios vindos do céu!"

Agora meu coração se abre à graça de Deus, e quero suplicar a Nossa Senhora Auxiliadora que proteja os membros de minha família, para que o desemprego nunca tenha lugar em minha casa.

Que aqueles que vivem desesperados por não estarem empregados conquistem o sonho de um trabalho digno e edificante. Que os projetos governamentais, ó Maria Auxiliadora, visem à igualdade social e repudiem o trabalho escravo, que tanto fere a dignidade dos filhos de Deus.

Confiante em teu auxílio maternal, eu quero agradecer teu carinho especial comigo e com minha família, pois, mesmo nas dificuldades financeiras, encontramos, na união e na fé em teu filho Jesus, o equilíbrio para reerguer nossa cabeça e lutar pelo fortalecimento de nosso lar. Assim seja. Amém!

4. Oração final: Ladainha *(p. 9)*

2º dia

Maria Auxiliadora, a discípula do Senhor

1. Oração inicial *(p. 7)*

2. Palavra de Deus *(Lc 1,39-42.45)*

Naqueles dias, Maria partiu em viagem, indo às pressas para a região montanhosa, para uma cidade da Judeia. Entrou na casa de Zacarias e cumprimentou Isabel. Logo que Isabel ouviu a saudação de Maria, o menino saltou em seu seio, e Isabel ficou cheia do Espírito Santo e exclamou em alta voz: "Tu és bendita entre as mulheres e bendito é o fruto de teu ventre! Bem-aventurada aquela que acreditou que se cumpriria o que lhe foi dito da parte do Senhor!"

– Palavra da Salvação!

3. Reflexão

"No céu, ficaremos gratamente surpreendidos ao conhecermos tudo o que Maria Auxiliadora fez por nós na terra", afirmou São João Bosco, grande difusor dessa devoção mariana.

Certamente, é impossível imaginar o quanto Nossa Senhora intercede por cada família. Ela está sempre presente nos momentos atribulados, quando as raízes do mal tentam nos desfalecer. Protetora das famílias, Maria vem auxiliar sem que ao menos percebamos sua presença em nosso meio, vem ser companheira, como foi na visita à prima Isabel.

No Evangelho deste dia de novena, a Virgem Maria quer nos lembrar de que, se realmente amamos o irmão, devemos expressá-lo pelo serviço. Facilmente, falamos de amor e caridade, no entanto vivê-los na prática é tarefa árdua, pois necessitamos renunciar a nós mesmos.

A Mãe Auxiliadora ofertou seu verdadeiro amor a Deus, sendo cooperadora no plano da salvação. E continua intercedendo em favor da humanidade. Medianeira das graças, Nossa Senhora protegeu o povo cristão, na batalha de Lepanto, dos turcos mulçumanos, que queriam destruir a Igreja. Assim, a vitória do bem prevaleceu sobre o mal.

Nos dias atuais, ela continua a nos orientar pelas águas agitadas da vida. Com Maria, peçamos ao Paráclito que nos conceda os dons necessários à prática da caridade e do amor e que não haja violência, injustiças sociais, corrupção. Que sejamos o exército de Cristo, que impede que o maligno destrua as famílias, e que Nossa Senhora Auxiliadora nos proteja sob seu manto sagrado. Amém!

4. Oração final: Ladainha *(p. 9)*

3º dia

Maria Auxiliadora, a humilde Virgem de Nazaré

1. Oração inicial *(p. 7)*

2. Palavra de Deus *(Lc 1,46-49)*

Disse Maria a Isabel: "Minha alma engrandece o Senhor e meu espírito se alegra em Deus, meu Salvador, porque Ele olhou para sua humilde serva; pois daqui em diante todas as gerações proclamarão que sou feliz! Porque o Todo-Poderoso fez por mim grandes coisas e santo é seu nome".

– Palavra da Salvação!

3. Reflexão

"Se alguém quer ser o primeiro, seja o último de todos e o servo de todos" (Mc 9,35). Esse pensamento de Cristo expressa a humildade almejada por Deus para cada filho seu, que, muitas vezes, infelizmente, é levado pela competitividade desenfreada; poucos são exaltados e desmerecem muitos por estarem em último lugar. Então, a opressão fere a dignidade humana e faz esses sentirem-se arrasados, depreciados, pois não conseguiram aquilo que poucos obtiveram.

A postura da Virgem Maria revela sua nobreza de espírito. Jamais quis ser glorificada por ser a bendita entre todas as mulheres, e manteve o coração sereno e despretensioso; caminhou conforme a vontade do Pai, sendo simplesmente a humilde colaboradora do Reino dos Céus.

Como é belo ver alguém se destacar em seu trabalho, mantendo a humildade naquilo que faz! Mesmo tendo talentos e dons admiráveis, não se deixa guiar pela soberba, pois sabe reconhecer sua pequenez diante da majestade de Deus.

O desejo de Maria Auxiliadora para nosso lar é que também sejamos humildes em nossos projetos e sonhos. Que lutemos pelo sucesso de todos do grupo familiar, sem ganância e sem humilhar ninguém. Enquanto temos tudo para agradecer a Deus, quantas famílias vivem a amargura de serem esquecidas debaixo da ponte, massacradas pelo voraz sistema capitalista!

Ó Nossa Senhora, Auxílio dos Cristãos, roga por aquelas famílias que passam extremas necessidades, que foram deixadas para trás. Concede-lhes a dádiva de se reerguerem, acreditando que ainda é possível lutar por um futuro melhor, com menos desigualdade e mais partilha. Amém!

4. Oração final: Ladainha *(p. 9)*

4º dia

Maria Auxiliadora, a Mãe da Nova Aliança

1. Oração inicial *(p. 7)*

2. Palavra de Deus *(Ap 12,1-2.5)*

Um grande sinal apareceu no céu: uma Mulher vestida com o sol, tendo a lua sob os pés e uma coroa de doze estrelas na cabeça. Estava grávida e gritava de dor, angustiada para dar à luz. Ela deu à luz um filho, um menino, aquele que vai governar todas as nações com cetro de ferro. Mas seu filho foi arrebatado para junto de Deus e de seu trono.

– Palavra do Senhor!

3. Reflexão

Para aqueles que precederam a Cristo, tudo parecia perdido pelo pecado de Adão e Eva. O mal havia implantado as sementes do ódio, da inveja, do egoísmo nos corações de muitos homens; mas eis que a salvação reinou em nosso meio, com o nascimento do Filho de Deus.

A Mulher, Auxílio dos Cristãos, aceitou a missão enviada dos Céus, para que satanás jamais reinasse sobre a terra. Uma Nova Aliança foi reestabelecida a partir do nascimento do Salvador, pois todo aquele que acredita no Pai, perdoa aos inimigos verdadeiramente e renuncia ao pecado, esse terá a Vida eterna.

Cristo veio para resgatar as ovelhas perdidas, andou pelo mundo pregando a Boa Notícia e deixou seu testemunho de amor para que sigamos com fidelidade seus passos. E a Virgem de Nazaré vem conosco caminhar, mostrando por quais vales tenebrosos jamais devemos passar.

Neste dia, Maria Auxiliadora vem a nosso encontro e estende suas mãos para que nelas depositemos todas as nossas dores, nossas doenças do corpo e da alma. Pensemos em nossos familiares que necessitam de oração! Entreguemos aos pés de Nossa Senhora nossos pedidos, certos de seu intermédio.

São tantos sofrimentos que nossa família já suportou! Mas, com a paz de Jesus e o amor de Maria, vamos vencer todas as provações. Que a esperança jamais desapareça de nosso lar. Que acreditemos no poder do Espírito Santo, pois aquele que fez a Salvação germinar no seio da Mãe de Deus trará a cura de todos os males físicos e espirituais, que tentam abalar a fortaleza da família. Assim seja para sempre. Amém!

4. Oração final: Ladainha *(p. 9)*

5º dia

Maria Auxiliadora, a defensora da Paz

1. Oração inicial *(p. 7)*

2. Palavra de Deus *(Mt 2,13-15)*

Um anjo do Senhor apareceu em sonho a José e lhe disse: "Levanta-te, toma o menino e a mãe dele e foge para o Egito. Fica lá até eu te avisar, porque Herodes vai procurar o menino para matá-lo". José levantou-se, tomou de noite o menino e a mãe dele e partiu para o Egito. Ficou lá até a morte de Herodes, para se cumprir o que o Senhor falara pelo profeta, com as palavras: "Do Egito chamei meu filho".

– Palavra da Salvação!

3. Reflexão

Como não render louvores a Deus por nos colocar aos cuidados de uma Mãe Auxiliadora, que jamais esquece seus filhos, defende-nos contra as ciladas do inferno e traz em seus braços a Paz, que é o Cristo Senhor?

Contra Herodes, Maria defendeu o Menino Jesus, fugindo para o Egito com seu esposo José. Hoje ela nos apresenta, tal qual aparece em sua imagem, o Filho do Altíssimo. Estendendo as mãos, o pequenino Jesus ressalta a confiança que devemos ter na Mãe da Humanidade, como se nos dissesse: "Venham, a Mãe quer te auxiliar e te socorrer nesta vida sofrida e traiçoeira!"

E, nesse auxílio materno, a Virgem Maria resgata-nos para o coração misericordioso de Cristo. Ele compreende todas as nossas perturbações, inquietudes e lança, em nosso coração, aquela paz verdadeira. Muitos se enganam, confundem a paz celestial com a deste mundo. A paz terrena causa confusão em muitos pensamentos, pois a entendemos como a ausência de guerras; contudo os homens mantêm-se armados. No primeiro desentendimento, acusa-se o irmão, esquece-se do amor e fere-se o indefeso.

Chegamos à conclusão de que a paz, neste mundo, é ilusória e passageira. Um dia, no reino dos céus, experimentaremos a verdadeira paz, o repouso do Espírito Santo sobre nosso ser, sem a mácula do pecado. Não haverá inquietações e ilusão, mas sim uma eterna felicidade por estarmos na presença do Pai e do Filho.

Ó Maria Auxiliadora, tira tudo o que perturba nosso coração de sentir a presença divina e direciona nossas almas aflitas para que, um dia, encontremos a paz de Cristo, nosso Salvador. Amém!

4. Oração final: Ladainha *(p. 9)*

6º dia

Maria Auxiliadora, a Mãe sofredora

1. Oração inicial *(p. 7)*

2. Palavra de Deus *(Lc 2,33-35)*

José e Maria estavam maravilhados com as coisas que dele se diziam. Simeão os abençoou e disse a Maria, sua mãe: "Este menino vai causar a queda e a elevação de muitos em Israel; ele será um sinal de contradição; a ti própria, uma espada te traspassará a alma, para que se revelem os pensamentos de muitos corações".

– Palavra da Salvação!

3. Reflexão

Os cristãos viviam receosos por causa da batalha, que podia emergir, advinda da ambição mulçumana de conquistar novos territórios e do ódio contra a fé.

Dos céus, Maria Auxiliadora rogava pelo povo de Deus, sofria com os homens de boa vontade. Contudo, a vontade do Pai concedeu novo rumo à história: enviada por Ele, a Virgem intercedeu pela vitória cristã e causou pavor àqueles turcos, que começaram a fugir. Mais tarde, após o fim da batalha naval, muitos desses homens relataram que uma majestosa Senhora apareceu sobre seus navios e fez-lhes duras ameaças, caso não desistissem daquele combate.

A Mãe pode sofrer por nós, seus filhos, mas sempre estará a proteger-nos. Sofre pelos que vivem nas sombras da morte, aprisionados nos vícios, na violência, na corrupção. Auxiliadora, nunca perde as esperanças de convertê-los, vela dia e noite para defender seus filhos das garras do "dragão".

Nossa Senhora, Auxílio dos Cristãos, intercede por aqueles irmãos perdidos no caminho. Quantas famílias são destruídas pelas drogas, pela traição, pela ganância! Mas sabemos, Mãe querida, que vens ao socorro dos aflitos e derramas tuas lágrimas de copiosa misericórdia sobre os pecadores.

Queremos pedir perdão pelas ocasiões em que causamos tua tristeza. Pecamos contra os irmãos, ferimos nossa alma e nosso corpo com maus desejos e más ações. Ajuda-nos a assumir uma postura inabalável, diante das ilusões demoníacas, que querem arruinar nossos lares. Queremos nos converter ao Evangelho de Cristo e vivermos unidos, sem a mancha do pecado. Assim seja. Amém!

4. Oração final: Ladainha *(p. 9)*

7º dia

Maria Auxiliadora, o refúgio das famílias

1. Oração inicial *(p.7)*

2. Palavra de Deus *(Eclo 3,3-7.14-17)*

Deus glorifica o pai nos filhos e confirma a autoridade da mãe sobre eles. Quem honra o pai intercede pelos pecados, evita cair neles e é ouvido em sua oração diária. Quem honra a mãe é como alguém que acumula tesouros. Quem honra o pai terá alegria em seus filhos e será ouvido no dia de sua oração. Quem honra o pai terá vida longa; quem obedece ao pai dá consolo à mãe. Filho, ajuda teu pai na velhice, não o entristeças durante sua vida. E, se ele perder a lucidez, sabe desculpar e não o desprezes em nenhum dia de sua vida. Porque a bondade com o pai não será esquecida, mas será plantada em lugar de teus pecados e contada para ti como justiça.

– Palavra do Senhor!

3. Reflexão

A leitura de hoje nos aponta como o Altíssimo espera que vivamos em família. Pai e mãe, que respeitam seus filhos e os educam na Lei de Deus, serão amparados em sua velhice, pois o amor gera mais amor. Se unidos estamos a Cristo, Ele jamais nos deixará sem consolo nos últimos dias de vida.

Invocamos Nossa Senhora Auxiliadora como amparo das famílias. Sabemos que nossa permanência nesta terra não é apenas um “mar de rosas”, pois nessas águas também encontramos espinhos que ferem a alma. Quantos lares são bombardeados pela semente da discórdia entre pais e filhos, pela traição do casal, pela disputa de bens materiais!

Eis que, no desespero e na desesperança, surge uma Mulher, coroada como Rainha por vontade do Pai. Foi concedido a ela o poder para defender os lares abalados pelo pecado, que pode destruir o maior tesouro que a família pode receber: a salvação de Cristo.

Depositemos nas mãos de Maria Auxiliadora os problemas que insistem em permanecer em nosso lar. Permitamos que o Espírito Santo adentre nossa alma e ilumine as feridas abertas pela falta de diálogo e perdão. Concedei-nos, Deus-Pai, os dons espirituais necessários para a santificação de nossas famílias, para que nunca nos separemos do amor de Jesus Cristo, nosso Senhor. Amém!

4. Oração final: Ladainha *(p. 9)*

8º dia

Maria Auxiliadora, a colaboradora de Cristo

1. Oração inicial *(p. 7)*

2. Palavra de Deus *(Jo 2,1-5)*

Houve uma festa de casamento em Caná da Galileia e lá se encontrava a mãe de Jesus. Também Jesus foi convidado para a festa com seus discípulos. Faltando o vinho, a mãe de Jesus lhe disse: "Eles não têm mais vinho". Respondeu-lhe Jesus: "Mulher, que importa isso a mim e a ti? Minha hora ainda não chegou". Sua mãe disse aos serventes: "Fazei tudo o que ele vos disser".

– Palavra da Salvação!

3. Reflexão

Tudo estava em perfeita ordem na festa de casamento em Caná, quando, inesperadamente, o vinho acabou. Os convidados não notaram a escassez da bebida, contudo havia uma mulher atenta aos acontecimentos e preocupada com o bem-estar de todos. Essa mulher, Maria de Nazaré, recorreu ao poder de seu filho Jesus. Ele também já havia percebido a situação, e o milagre da transfiguração da água em vinho salvou aquela celebração festiva do fracasso.

Jesus Cristo sempre teve a seu lado a colaboradora da salvação. Além de ser templo vivo do Espírito Santo, Nossa Senhora assistiu o Filho em todos os momentos difíceis. Não por que Ele necessitava de auxílio, mas por que queria demonstrar ao mundo que, após a ascensão de Cristo, ela estaria a nosso lado, intercedendo nas situações de angústia e desalento.

E, em nossas famílias, qual o "vinho" que nos falta? No trabalho e nos projetos pessoais, em quais ocasiões ficamos desorientados quando percebemos que o "vinho" poderia acabar? Sim, falta-nos o vinho da esperança, da compreensão, do respeito e, sobretudo, do amor e do perdão.

Maria Auxiliadora, passa à frente de nossos medos, não permitas que, ao cairmos pelo cansaço, desistamos de levantar. Queremos caminhar com o Cristo, curando as feridas do irmão sofredor, pois a humanidade necessita de discípulos atentos à festa do reencontro, que acontecerá quando o Senhor retornar a este mundo, separando o joio do trigo.

Ó Mãe Medianeira, cuida de meu coração, ajuda-me a encontrar as respostas nas incertezas da vida. Obrigado por ser minha intercessora e por nunca se esquecer de seus filhos pecadores. Amém!

4. Oração final: Ladainha *(p. 9)*

9º dia

Maria Auxiliadora, Auxílio dos Cristãos

1. Oração inicial *(p. 7)*

2. Palavra de Deus *(Jo 19,25-27)*

Junto à cruz de Jesus estavam de pé sua mãe, a irmã de sua mãe, Maria, mulher de Cléofas, e Maria Madalena. Jesus, vendo sua mãe e perto dela o discípulo que amava, disse a sua mãe: "Mulher, eis aí teu filho". Depois disse ao discípulo: "Eis aí tua mãe". E, desta hora em diante, o discípulo acolheu-a em sua casa.

– Palavra da Salvação!

3. Reflexão

Estando na cruz, Jesus Cristo ofereceu sua própria mãe como eterno Auxílio dos Cristãos.

Maria soube ser a Mãe fidelíssima, enquanto o Salvador esteve neste mundo; mas havia chegado a hora de partir. Por extremo amor, Ele não deixou Nossa Senhora desamparada, e, do mesmo modo, João também não foi esquecido.

Naquele momento, Cristo consagrou a Virgem Maria como mãe de toda a humanidade, dando-lhe a missão de amparar aqueles que recorrem à graça divina. Realmente, maior presente nós jamais receberemos, pois fomos agraciados com o puro amor da Mãe de Cristo, que reconforta as almas, quando clamamos por misericórdia.

Hoje, neste último dia de novena, queremos exaltar a Deus-Pai as bênçãos derramadas em nosso lar, sob a intercessão de Maria Auxiliadora. Ela apresenta em seu colo o Menino Jesus, que estende os braços e nos protege de todos os males.

Quando apreciamos a figura de Nossa Senhora Auxiliadora, encontramos o cetro em sua mão direita, expressão de intermédio a nosso favor, como aconteceu, outrora, na batalha entre cristãos e mulçumanos. A cruz sobre o cetro revela-nos que os milagres não provêm de Maria, mas do poder de Cristo. Ela somente apresenta-se como a Auxiliadora, na humildade de discípula do Reino dos Céus.

Ó Auxílio dos Cristãos, protege os lares da astúcia dos malfeitores. Preserva nossas casas contra as enchentes, incêndios e tempestades e que sempre reine a paz. Enfim, conserva-nos como filhos consagrados de Deus, pois ansiosos esperamos pela salvação eterna. Em nome do Pai, do Filho e do Espírito Santo. Amém!

4. Oração final: Ladainha *(p. 9)*

Este livro foi composto com as famílias tipográficas calibri e Bellevue
e impresso em papel reciclado 75g/m² pela **Gráfica Santuário.**